LK 1913

CÉLÉBRATION

DU

JUBILÉ A CHARTRES, EN 1751.

LE PÈRE BRIDAYNE. (1)

« Verbis et exemplis evangelisat. »

M. Chevard, dans son Histoire de Chartres, présente la mission prêchée par le Père Bridayne et ses coopérateurs, sous un jour peu favorable. « *Les discours et les conférences du révérent Père ne firent pas fortune,* dit-il, *on allait à ses sermons comme au spectacle, c'est-à-dire pour s'amuser.* » Il cite quelques traits que je ne rappellerai pas, car tout le monde les a lus ; il blâme la quête générale qui fut le dernier essai du célèbre prédicateur, et qui ne procura pas, ajoute-t-il, *grand secours aux malheureux.* Enfin il prétend, et l'on aura, ce nous semble, bien de la peine à accepter cette assertion, que M. de Fleury, un évêque respectable, se plaisait à voir contrefaire le missionnaire par un enfant espiègle, qu'il faisait souvent appeler à cet effet dans son cabinet. Toutefois l'opinion de M. Chevard a prévalu, et beaucoup de personnes à qui vous parlerez de la mission de 1751, vous répondront : « Ce fut une véritable comédie. »

Opposons donc au récit de l'historien Chevard une relation puisée dans des documents authentiques (2). Enoncer des faits,

(1) Le portrait de Jacques Bridayne, missionnaire royal, dessiné d'idée par Vernet fils, a été gravé en 1774 par Michel, à Avignon. (Bibliothèque impériale. Estampes. Portefeuille des curés.) Il mourut à Roquemaure le 22 décembre 1767 ; il était né à Chuselam le 2 mars 1701.

(2) Nous préviendrons le lecteur que nous avons puisé tous les détails du récit que nous lui offrons 1° dans une lettre autographe portant la date du 25 novembre 1751 ; 2° dans les registres des échevins et du chapitre de l'année 1751 ; 3° dans le Manuel sur le Jubilé imprimé par l'ordre de Monseigneur l'évêque de Chartres. Chartres, Labalte, 1826 ; 4° dans la Biographie du père Bridayne, par l'abbé Carron. Paris, 1805.

voilà suivant nous le mode le plus courtois et le plus efficace de réfutation. Au lecteur, souverain juge, le soin de décider en dernier ressort.

Le pape Benoît XIV avait fait l'ouverture de la porte de Sainte-Marie-Majeure la veille de Noël 1749, pour la célébration du Jubilé du demi-siècle.

Le chapitre de Notre-Dame, dans ses séances des 6 et 11 septembre, avait décidé, d'accord avec Monseigneur l'évêque, que l'ouverture du Jubilé aurait lieu à Chartres le 25 octobre 1751 ; qu'on observerait les mêmes cérémonies qu'aux Jubilés des 29 mai 1702 et 2 juin 1727, et qu'une procession générale aurait lieu la veille.

M. de Fleury, pour donner plus de solennité à cette cérémonie, avait appelé à Chartres, du fond de la Gascogne, des missionnaires célèbres, MM. Bridayne, Curade, Guinot, Camartin, Gauchard et Dolonne. Ces prédicateurs avaient à faire oublier le mauvais succès obtenu en 1727 par les PP. jésuites : il leur fallait triompher d'un ennemi bien redoutable, la prévention. Une mise simple et négligée n'était pas faite pour ramener en leur faveur l'opinion publique égarée. Le père Bridayne fut la première victime. Une fable odieuse circula à son sujet, mais le zèle des missionnaires était supérieur à tous les obstacles.

M. de Fleury fit en personne l'ouverture du Jubilé en prononçant une exhortation vive et pathétique qui fut généralement appréciée. La première réunion était très nombreuse, mais quel ne fut pas l'étonnement quand on vit le père Bridayne donner le ton à un chœur de jeunes filles et chanter des louanges en l'honneur du Seigneur. Jamais pareille chose ne s'était vue. Peu s'en fallut qu'on ne criât à l'impiété. A la surprise toutefois succéda bientôt l'engouement. Il se fit un débit extraordinaire de cantiques, et la chanson profane disparut pour longtemps de la ville (1). On vint écouter par curiosité le premier discours du père Bridayne sur *l'Ouverture du Jubilé*; les Chartrains n'étaient pas habitués à sa voix forte et sonore, à sa déclamation un peu théâtrale. Pourtant la mauvaise impression produite par l'impor-

(1) Bridayne ayant fait composer plusieurs beaux cantiques sur le précis des devoirs d'un soldat chrétien, y adapta des airs militaires, et les ajouta à l'édition qu'il donna de son recueil en 1764. *Les Cantiques spirituels à l'usage des missions royales du diocèse d'Alais*, ont été réimprimés jusqu'à 47 fois, et sont devenus un livre essentiel aux œuvres des missions.

L'abbé CARRON.

tation du chant et d'un nouveau genre de débit, devait s'effacer
et s'effaça en effet sous l'action de cette véritable éloquence
qu'avaient admirée les Massillon, les Maury, les Laharpe, et dont
Marmontel faisait l'éloge en pleine académie (1). Le second sermon du prédicateur sur *la Mort* obtint un plus grand succès encore. On le lui redemanda.

Les autres missionnaires, de leur côté, le secondaient dignement ; les forces, il est vrai, manquèrent à M. Curade après
quelques sermons, et il tomba grièvement malade. Les entre-
tiens de M. Guinot sur *le Décalogue* furent assidûment suivis,
MM. Gauchard et Camartin pouvaient à peine suffire aux con-
fessions, et le chanoine de Sens Dolonne se concilia tout d'abord
les suffrages par ses conférences pleines d'intérêt et de bon goût.
Au sermon sur *la Pénitence*, l'auditoire pleurait ; au discours sur
la Confession générale, chacun descendait dans sa conscience.
Les sottes préventions étaient désormais dissipées et la cause
des missionnaires gagnée. Il leur était difficile de contenter les
fidèles avec trois discours par jour. L'affluence des personnes
était telle, que le chapitre décida qu'il ne serait exigé qu'un liard
par place au discours de cinq heures du matin et un sol pour
les deux autres. Des personnes habituées à la mollesse ne crai-
gnaient pas de se lever à quatre heures pour rester jusqu'à midi
dans l'église. Messieurs du chapitre eux-mêmes, bien que n'ai-
mant pas à déroger à leurs habitudes, assistaient aux exercices
et avaient, qui plus est, consenti à devancer l'heure de leur office pour laisser toute latitude aux ouvriers évangéliques. Ce fut
dans ces circonstances que le père Bridayne annonça une re-
traite pour les femmes, qui serait suivie d'une procession depuis
les Jacobins jusqu'à la Cathédrale. Cette fois encore on se ré-
cria, on se révolta, puis on finit par trouver la chose toute
naturelle, et les quinze cents femmes qui s'étaient donné des

(1) Je l'ai vu : Massillon lui-même en fut témoin ;
De s'égaler à lui l'orateur était loin :
Ce n'était point ce style ingénieux et tendre
Qui semble attacher l'ame au plaisir de l'entendre,
Ce langage épuré qu'une sensible voix
Parlait si doucement à l'oreille des rois :
C'était un orateur saintement populaire,
Qui, content d'émouvoir, négligeait l'art de plaire.
D'une éloquence vaine il dédaignait les fleurs,
Il n'avait que des cris, des sanglots et des pleurs.

(Séance du 29 février 1776.)

marques publiques de réconciliation, marchant deux à deux, édifièrent la ville qu'elle traversèrent processionnellement. Les filles d'Ève, premières pécheresses, ayant fait pénitence, le tour des hommes arriva. L'abbé Dolonne fut chargé de les catéchiser. « Les missionnaires, leur dit-il, ne sont ni surpris ni ébranlés des persécutions et des railleries qu'ils ont à endurer, souvent même de la part de ceux dont ils seraient le moins en droit d'en attendre. Le diable, lui aussi, a ses prédicateurs qu'il envoie de son côté pour s'opposer à l'accomplissement de l'œuvre de Dieu. Les succès évangéliques sont d'autant plus frappants que l'opposition a été plus vive. » M. Dolonne avait été prophète; dès cinq heures du matin l'auditoire était complet, et certains zélés attendaient depuis trois heures l'ouverture des portes de l'église. Des personnes de qualité, jusqu'à l'arrivée des missionnaires, faisaient des lectures édifiantes ou chantaient des cantiques. M. l'évêque disait la messe, puis le père Bridayne prêchait pendant quatre ou cinq heures à genoux avec tant d'onction et d'ardeur que son surplis en était baigné de sueur. Enfin, le troisième jour de ces exercices, quatre mille hommes rangés deux à deux employèrent trois quarts d'heure pour venir se masser devant le grand portique de la cathédrale, lieu destiné jadis aux amendes honorables. M. Guinot, debout devant la porte fermée de l'église, exhorta la multitude à se prosterner devant Dieu, pour lui demander pardon des fautes scandaleuses qu'elle avait commises; le peuple se prosterna donc, après quoi il reçut la bénédiction de la main du prélat.

Tant de succès ne satisfaisaient pas encore le père Bridayne; voulant, suivant son habitude, faire tourner au profit des pauvres l'esprit de ferveur qu'il avait inspiré, il annonça, sans se préoccuper si sa proposition allait soulever un nouvel orage, qu'il irait faire, dans toutes les maisons de la ville, une quête à leur intention. « Quêter dans Chartres, — trouvons-nous dans la lettre du 25 novembre 1751, — est-ce le moyen de faire fortune? Prendre les chartrains par la libéralité, ce n'est pas les prendre par leur faible, et la prodigalité est leur moindre défaut. » Notre caustique narrateur se trompait cependant, et il convient plus bas, lui-même, que le discours *sur l'Aumône* du père Bridayne opéra des miracles. L'intrépide missionnaire recueillit en effet dans sa tournée, qu'il effectua de concert avec MM. les administrateurs de l'Hôtel-Dieu et du bureau des pauvres, *plus de deux mille livres*, sans compter nombre d'objets et vêtements qu'il rapporta à l'évêché.

Toutefois, le mercredi 17 novembre, la clôture de la mission, malgré les réclamations de nombreux fidèles qui demandaient qu'on la prolongeât jusqu'à Pasques, fut définitivement fixée au dimanche 21. Le père Bridayne était attendu à Tours, il restait rarement d'ailleurs plus d'un mois dans la même ville. La mission avait duré vingt-six jours. Mais quels résultats obtenus durant ce court espace de temps ! Plus de soixante sermons ou conférences avaient éclairé l'esprit de la foule innombrable qui n'avait pas un seul instant cessé d'y assister. Les réconciliations succédaient dans les familles à la haine et aux divisions. Les plaideurs et jusqu'aux ivrognes, « *gens difficiles à toucher* », dit toujours notre narrateur, donnaient des marques publiques de repentir et formulaient de consolantes promesses pour l'avenir. On fréquentait les églises. Le corps des marchands et des perruquiers avait réclamé des lois sévères contre ceux qui n'observeraient pas la sanctification des dimanches et des fêtes. On apportait davantage de retenue dans les mœurs, et malheur aux Lovelaces, ils auraient pu s'écrier avec l'abbé Régnier :

Il est fâcheux le Jubilé,
Il met les amours en déroute ;
Je ne puis être consolé
De trois maîtresses qu'il me coûte. (1)

Les injustices et les vols étaient réparés, et par le chiffre de 400 livres qu'atteignirent les *restitutions incertaines* on peut supposer à quelle somme durent s'élever les *restitutions certaines*.

La journée du dimanche 21 novembre 1751 est mémorable. On devait ce jour là, pour terminer dignement la mission, devant la porte de la place des Epars, proche le cimetière Saint-Thomas (2), planter une croix avec la plus grande solennité. « *Nous voulons laisser au milieu de vous,* disait le père Bridayne, *un missionnaire vivant qui achève dans vos âmes ce que nous ne faisons que commencer par la grâce de J.-C.* » Dès le matin, seize cents personnes de toutes conditions communièrent des mains du prélat.

Le chapitre s'était réuni pour décider qu'il se rendrait en sou-

(1) Mercure de France, septembre 1768, page 79.

(2) C'était le cimetière St-Saturnin qu'on appelait ainsi souvent ; il fut transféré le 12 juin 1786 derrière le Grand-Faubourg, sur le chemin qui conduit aux Vauxroux.

lane noire (1), avec les saintes reliques, à la procession de la croix.
Le corps de ville avait également arrêté dans sa salle des délibé-
rations, qu'il assisterait en corps à la cérémonie, que la compagnie de l'Oiseau-Royal ne sortirait pas, mais que six pompiers
se trouveraient à l'hôtel-de-ville pour porter chacun un flambeau
au cas où on en aurait besoin.

A deux heures et demie, Monseigneur l'évêque se rendit à
l'église cathédrale pour entendre l'office, après lequel la procession sortit. Elle traversa la rue des Changes, celle de la Pie,
passa devant St-Saturnin, suivit la rue du Chapelet (2), et
arriva par la grande rue à la porte des Epars. On était pré-
venu que chacun devait être muni d'une petite croix en bois.
Une troupe de symphonistes ouvrait la marche ; elle était suivie
de onze cents jeunes filles qui s'étaient assemblées dans l'église
des Jacobins ; des voiles blancs, des couronnes de fleurs et d'é-
pines ornaient leurs têtes ; le père Bridayne les conduisait. Au
milieu d'elles, deux jeunes filles accompagnées d'acolytes por-
taient l'image de la Vierge, puis des chœurs organisés de distance en distance chantaient des hymnes et des cantiques ; les
femmes qui s'étaient réunies dans l'église des Carmélites venaient
ensuite dans le même ordre, mais en plus grand nombre. Une
d'elles portait la croix, et deux acolytes l'entouraient. Les garçons réunis sous l'aile gauche de la cathédrale défilaient quatre
par quatre précédés d'une croix et de deux acolytes ecclésias-
tiques. Les hommes avaient été rangés sous l'aile droite de Notre-Dame, ils marchaient également quatre par quatre au nombre
de quatre mille ; puis succédait immédiatement un chœur d'ins-
truments annonçant l'arrivée de la croix. On l'avait déposée dans
la cour devant la porte de l'évêché. Quarante-huit garçons, marchant pieds nus malgré la rigueur de la saison, la tête ceinte
d'une couronne d'épines, l'apportèrent sur un brancard doré, à
la tête du clergé devant la porte royale de la cathédrale, au bruit
des tambours et des fusillades. Elle était tout en fer, comptait
dix-huit pieds de hauteur, et les plus habiles ouvriers de la ville
s'étaient fait un honneur d'y travailler. Entre les montants et les
deux croisillons l'on voyait un cœur enflammé dans une double
couronne d'épines avec les autres attributs de la Passion ; le tout
était richement doré par les soins de M. de Fleury, qui avait vou-
lu faire seul la dépense. Les bénédictins, les chanoines réguliers

---

(1) On sait que ce fut tout une affaire que de déterminer dans quel cas les
membres du chapitre porteraient la robe violette, rouge ou noire.

(2) Aujourd'hui rue Marceau.

et les autres religieux ne parurent point. Le clergé des paroisses avec MM. les curés marchait en tête. Venait ensuite le chapitre en soutane noire, accompagné des châsses qui contenaient le bois de la vraie croix, l'image de la Sainte-Vierge, et le chef de saint Lubin. Monseigneur de Fleury, revêtu de ses habits pontificaux, fermait la marche. Madame la duchesse de Fleury, mère de l'évêque, avec sa maison, le présidial, le corps de ville en robes, l'élection, ajoutaient à l'éclat du cortége par leur présence.

Quand le clergé fut arrivé devant la porte des Epars, lieu fixé pour l'élévation de la croix, Monseigneur l'évêque en fit la bénédiction en même temps que celle de toutes les petites croix que le peuple portait et qu'il agitait en l'air pendant la cérémonie. La place en était littéralement couverte, et l'on ne distinguait plus à une certaine distance ceux qui les soutenaient. La ville avait prêté à M. de Fleury son artillerie pour ce jour là, elle se fit bien entendre et la mousqueterie la seconda par plusieurs décharges.

Après la bénédiction, le père Bridayne commença un discours *Sur la Croix*; il fut contraint par le brouillard et la nuit de l'aller terminer à la cathédrale. Il fit à son auditoire des adieux touchants; l'enthousiasme était à son comble; malgré la sainteté du lieu où l'on était, on s'oublia jusqu'à crier *Vive M. l'évêque*. L'évêque ayant remercié les diverses assemblées, on se sépara.

Hélas ! triste exemple de l'inconstance humaine; cette croix qu'on venait d'inaugurer avec tant de pompe, qui devait rappeler de si grands souvenirs, pour le culte de laquelle les jeunes gens qui avaient eu l'honneur de la porter, demandaient à l'évêque la permission d'établir *la Société des Enfants de la Croix....*, elle devait tomber quelques années plus tard sous le marteau sacrilége des révolutionnaires; ceux-là même qui avaient contribué à l'ériger étaient peut-être des plus ardents à la détruire.

Le lendemain de la cérémonie que nous venons de retracer, MM. le grand-archidiacre et Brillon étaient chargés par le chapitre d'aller remercier en son nom les missionnaires, et de leur offrir, hommage que cette célèbre compagnie réservait pour les princes ou les personnages du rang le plus élevé, une médaille d'or représentant la chemisette de la Vierge; savoir une de 24 livres à M. Bridayne, et aux autres une de 12 livres.

Tel est le récit fidèle de la mission de 1751, la plus célèbre des

256 que prêcha le père Bridayne, dans l'espace de quarante-cinq ans que dura sa sainte et glorieuse carrière.

Telle fut la mission qui, au dire de M. Chevard, ne fit pas fortune à Chartres.

EMILE BELLIER DE LA CHAVIGNERIE.

Chartres, Imprimerie de Garnier.